JN410459

시민의 기분

변희수 시집

시인동네 시인선 192

변희수 시집

시민의 기분

시인동네

시인의 말

모든 일이 으로로부터 시작되어

으로로 끝이 나 있었다.

으로에게,

바친다.

2022년 12월

변희수

차례

시인의 말

제1부

직물 · 13
환경과 사람 · 14
π를 가진 것처럼 말했다 · 16
으로에게 · 18
사랑의 방향 · 20
공기의 추억 · 22
감자를 찌는 동안이면 되겠다 싶었어요 · 24
텀블링 · 25
화본 · 26
물질이론 · 28
시민의 기분 · 30
근린생활 · 32
주말 · 34
되풀이되는 풀 · 36

제2부

집의 구조 · 39

애플리케이션 · 40

뫼르소 잔상 · 42

참외 하우스 · 44

시대감 · 46

명랑성 · 48

원룸촌 · 50

주민과 장미 · 52

정오라는 에피소드 · 54

이달의 시인 · 56

영국식 정원 · 58

마음의 생활 · 60

리허설 · 62

사랑의 연대 · 64

제3부

퀼트 · 67

사과의 습관 · 68

습작할 때 들은 허밍 · 70

용역자들 · 72

티타임의 조크 · 74

우중에 목단이 · 76

기억의 윤곽 · 78

회전구간 · 80

무한 · 82

개그 · 84

양파의 건축학 · 86

청혼 · 88

장미의 증상 · 90

비의 관점 · 92

제4부

잔디가 모르는 것 · 95

아침 6시 · 96

세계의 과자점 · 98

옥수수가 익어갑니다 · 100

누구십니까 · 102

헨젤과 그레텔 · 104

우기의 세탁 · 106

시네마토그래피 · 108

월차 · 110

에필로그 · 112

원목 · 114

해설 전지적 사물 시점 · 115
고봉준(문학평론가)

제1부

직물

다시 모순에서 연민으로 돌아와

순면 100%,

그곳에서 가장 멀어진 쪽의
뺨을 대고 잠들었다

미간 사이
숨과 결이 번져서

교차되는 얼굴들을
베개에 묻어두었다

환경과 사람

이런 날이 일 년에 몇 번이나 되겠습니까

좋은 날씨는
좋은 결과를 가져올 것 같다

타협하는 사람이 된다면
새로운 날씨를 가지게 될 겁니다
일기를 극복한 사람의 이야기를 뉴스로 듣는다
환경적이라고 하면
순응하는 사람이 된 것 같다

날씨가 좋으면
유실수를 심고 싶어집니다
결과를 보고 싶어집니다
일 년에 몇 번은 그런 생각이 들어서 흐립니다

몇 번 안 되는 날 때문에
어떤 날의 믿음은 지나치게 환경적이어서

싸우게 된다
사랑하게 된다

먹구름이 낀 날을 보면
누군가 죄를 짓고 있는 것 같은 기분이 강하게 듭니다
현장이라는 생각이 들기도 하구요
아무래도 조건과 영향이 컸습니다만

그래도 사과나무를,
그렇게 권하는 사람을 만나면
낙관주의자가 되어
동산에 서 있는 것 같았다
드문 일이지만 청명을 얻을 것 같았다

π를 가진 것처럼 말했다

처음부터 끝까지
접시들은 같은 포지션을 취했다

발레리나의 두 다리가
허공에 그려놓은 파이처럼
활짝 웃고 있는데 웃음소리가 들리지 않는
백치의 얼굴처럼

바탕이 있다면 곧 더러워질 색이겠지
우리는 접시를 닦는다
우리는 얼굴을 회복하려고 애쓴다

접시가 많은 집에서
아무것도 담겨 있지 않은 접시가
가장 아끼는 접시라는 말을 들었을 때

광활하고 외로운 접시가 되어
우리는 창백한 얼굴로

포크와 나이프를 쥐고 있었다

접시들은 언제나 파경을 생각하고 있잖아
쨍그랑 그렇게 준비해놓은 말들이 있어서
얼굴을 찡그리고 있으면

그렇게 말할 수도 있잖아
그런 말들은 잡음은 아니잖아
접시를 들고 자리를 옮겨 앉던 사람이
또 다른 파이를 가진 것처럼 말했다

접시가 사라진 자리에
새로운 접시들이 나타날 때마다
달그락거리는 날들이 이어졌다

으로에게

여름의 물기는
단단하게 여물지 않아서
다시는 으로에게 돌아갈 수 없을 것 같았다

가볍고 무른 것으로 설명해보려 했으나

여름은 변질되어
가을이 구릿빛으로 왔다

끝물이라면 마음이 자꾸 약해집니다
그래서 자주 과일을 샀구요
남은 심정으로 보내는 사람이 되어 있었습니다

그렇게 증언하는 사이

무엇으로 무엇을 말할 수 없어서
모든 일이 으로로부터 시작되어
으로로 끝이 나 있었다

누구의 왕국도 아닌데
겨울이 흰빛으로 왔다

으로의 침묵

끝이 났으면 났고
그것, 으로 됐다고 말해야 하는데
짓물러가면서 한껏 달아진 과일들이
미련이 많은 얼굴로 남아 있었다

그때는 그때고 지금은 지금이라고
계절이 수시로 건너뛰고 있었다

사랑의 방향

물이 넘치고 있다 나는
넘치는 물을 붙잡으려고 애를 쓴다

발목을 훤히 드러내며 흐르는
낭비는, 아름다운 말이다

한때 서로를 나누었던 키스처럼
받아놓은 물속에 녹아 있는 빛
물이 불을 껴안고 있다
물속에서 숨을 참는다

과한 것들이 흘리고 가는 소리를
흐르는 소리로 듣는다
사랑의 모양이 바뀔 거라는 전갈
물이 내린 결정을 짐작한다
그것이 물의 의도라면
그것은 물의 의지일 것 같다

누가 여기 있었다는 증거처럼
마르지 않는 안색이
노란 프리지어를 유리컵에 담아둔다
똑, 똑, 흘러내리던 물이 방향을 모색한다
떨어지기 직전의 눈동자가 매달린다
소비라는 음성이 귀에서 자란다

공기의 추억

공기는 티를 내지 않는다
분열과 적의를 모른다

나는 공기를 침범했다 공기를 밀치고 앞으로 앞으로 나아갔다 팔을 흔들며 주먹질을 하며

공기들은 언제 어디서나 옳습니까

비상식적인 상식으로
공기들은 이타적인가 관념적인가
이행하는 것은 공기의 일입니까 윤립니까

나는 향초를 쥐고 불꽃을 사랑한다고 고백한다
녹이 슬지 않는 그림자놀이를 한다

이 공기는 정말, 죽을 때까지 죽은 척 없는 척하는 실천을
흐름을 공기의 차원으로 이해하는 동안

폐부 깊숙이
촛농이 떨어졌다 범람하던 꽃과 새와 바람의
밀접접촉이
지나갔다

감자를 찌는 동안이면 되겠다 싶었어요

감자에게 말을 걸었다. 무뚝뚝한 감자는 말을 받아주지 않고 대신 주먹을 보여주었다. 감자에게 다가가 주먹이나 키우고 말이야, 아래쪽에 대고 주먹밖에 없다고 쓴소릴 뱉었는데 누가 썩은 말이라고 재빨리 도려내고 땅속에 묻었다. 싹이 나고 잎이 나고 아무렇지 않은 척 우리는 가위, 바위, 보를 했다. 그런데 제발 주먹만 안 내밀면 좋겠어요. 그 말이 끝나기가 무섭게 가위처럼 울어대던 새가 울음을 뚝 그쳤다.

감자꽃을 따주어야 하는데,

저녁에는 누가 와도 올 것 같아서 급한 김에 주먹을 꺼내 삶았다. 찾아온 사람에게 뜸이 덜 든 주먹을 보여주며 겸손한 척 손을 모았다. 그거면 됐다고, 입장을 잘 알 것 같은 사람이 고개를 끄덕여주었다. 주먹을 보자기처럼 활짝 펴서 차양을 잘 만들어 쓰고 다니던 사람이었는데 감자를 찌는 동안이면 이야기가 되겠다 싶었다.

텀블링

계단은 적당한 높이가 있고
노래 대신 구령이 흘러나오기 좋다
올라가는 계단에서는 거수경례가 잘 어울려서
보폭을 넘어서는 점프
단계를 무시하고 쏟아지는 소낙비
뛰는 자와 넘어지는 자들의 발목들
'계단을 이용하십시오'
지하철 계단마다 권고가 붙어 있다
허공에서 비틀대는 계단이
왼발과 오른발의 박자를 흉내 낸다
계단의 심연을 따라 돌아다니는 악대들
구령 대신 몸속에서 흘러나오는
난간의 노래를 듣는다
거수경례 대신 목례를 한다
한 발 한 발
올라가는 계단 앞에서
한 발 한 발 계단을 모시고
내려가려는 사람이 서 있다

화본*

거기에 옛날이 있다고
잠깐만 보고 가자고 했다

지나가는 길이니까 통과해도 되지만
언제 또 올지 모른다고 했다

거기에 기다리는 게 있다면
미래가 좋겠다고
옛날은 이미 다 옛날이라고 말하려는데
불쑥 옛날이 나타나서 팔짱을 꼈다

다정하게 지나가면
옛날과 미래가 함께 좋아할 거야

히말라야시다가 죽지 않고 퍼렇게 살아있는
운동장과 철길을 지나가며
히말라야시다 히말라야시다
오래된 주문을 외우며 걸었다

옛날이나 미래나 다 길목인데
그립습니까

아카시아 흰 꽃을 든 한낮이
역무원처럼 물었다

돌아가고 싶은 곳은 없었지만
돌아보고 싶은 것은 있어서
인근이나 근방이라는 말이
소문으로 떠돌아 다녔다

---

*군위군 화본역.

물질이론

아침에 일어나면
제일 먼저
책상 위의 돌을 쓰다듬어 주었다

정신에 고무된 자가 되어
물질을 돌보기 시작했다

손길을 가지게 된다면
죽어서도 죽지 않는 물질이 될 것 같았다

—너는 드디어 물질을 이해했구나
—너는 이제 성질을 잘 아는 사람이 되었구나

어느 먼 강가의 돌멩이 속에서
들려올 것 같은 목소리로

아침마다 네가 물었다
그런데 있잖아,

너와 내가 끝까지 남은 성분이라면

우리는 앞으로 뭐가 되지?
돌 앞에선 아무 말도 하지 않기로 했는데

돌보는 자가 되기로 한 약속이 떠올라
서로의 머리통을 쓰다듬어 주었다
손을 너무 타서 반질거리는 두 개의 물질이
거기 놓여 있었다

시민의 기분

공원은 공개적인 넓이를 가지고 있다

무언가를 포함시키려고
무수한 이파리와 새소리를 밖으로 내보내며
누굴 기다리고 있다

가까스로 공원에 도착한 사람이
벤치네, 할 때까지
공원은 제 속에 든 넓이를 아량으로 여기며
〈관찰자의 의자〉와 〈개인적인 입장〉
그걸 지키면 됩니다 속삭인다

비 오는 날의 벤치는
어떤 엉덩이도 허락하지 않을 것 같은데

공원에서 우는 새의 울음소리는
언제나 사적으로 들린다는 게
그게 참 마음에 듭니다

숲의 하울링을 다 가진 듯이 말하면

그럴 수 있지, 그럴 수 있어
범위에 대해서 아는 척하는 사람들이 나타났다

공원을 지나갈 때마다
새의 기분을 가진 시민이 된 것 같아서
새소리가 자꾸 밖으로 흘러나왔다

근린생활

집 앞에 공원이 있다
공원 앞에 집이 있고

그런 것과 상관없이 집과 공원은 있다

살아보면 만족할 겁니다
공원을 보러 왔다가 집을 보러 온 사람에게 말한다

공원에 가면
다정한 사람이 있고
싸우는 사람이 있고
집을 나와서 다시 집으로 돌아갈 사람들이 있다

갈 데가 있으니까 참 좋습니다
앞에서 벌어지고 있는 일을 뒤에서 말한다

집보다 편한 공원과 공원보다 편한 집 사이를 오가려면
조금 위험해 보이는

도로를 건너야 하고

공원을 집까지 데리고 들어올 수 없어서
벤자민 고무나무 행운목 같은 걸
거실에서 키우는 사람들도 있다고
근처에 대해서 말해준다

공원으로 난 창을 열어 보이면
빛이 닿기도 전에 광합성하는 나무같이
집을 나온 사람이
긴 숨을 토해내고 있었다
연두와 연약이 묻어 있었다

주말

첫 번째 나무가 동의했다
두 번째 나무가 따라했다
세 번째 나무도 고개를 끄덕였다

나무의 겨드랑이마다 혈서들이 쏟아졌다

이렇게까지 정말 이럴 필요까지
덜 마른 인주처럼 붉은 입술을 가진 아이들이
숲을 지나갔다

땡볕을 털어 고백합시다
좋은 날에 다시 좋아지기로 합시다

메아리 흉내를 내며

첫 번째 나무가 선동하고
두 번째 나무가 동조하고
세 번째 나무가 찬성하는 걸 지켜보았다

나무와 한편이 되어보려고
주말이면 숲을 찾아갔다
가을에 기대어
좋은 날이 흘러가는 걸 지켜보았다

되풀이되는 풀

어떤 일이 벌어지고 있었다 풀이 일어서는 동안 투서가 날아왔다 풀은 굽이쳤고 동요했고 열거할 수 없는 이유의 소용돌이에 빠지기도 했다

누가 부르기 전에 풀은 이미 하나의 이름으로 총칭되고 풀은 오래전부터 풀을 되풀이하고 있고 풀이 풀을 답습하는 그런 전례 그런 전철은 밟지 말아야지 하기 무섭게 풀밭 위로 누군가 걸어오고

오늘 풀은 말이 없다 풀은 기색을 잃었다 버려진 꽁초를 빨며 노랗게 타들어 가는 풀이 풀을 태우는, 잡념을 밑거름으로 얻으려고

겨울이 오면 풀밭에 불을 놓고 재를 얻는다 재가 된 풀이 엷게 웃는다 그런 거지 다 그런 거야 생각이 풀풀풀 날리다가 까맣게 내려앉는다 풀이 앉았던 자리에 더 많은 풀이 자란다

제2부

집의 구조

대화는 여기서부터 시작될 겁니다
자주 환기가 필요한 말들이라고
화장실에서 책을 읽던 사람이
물을 내리며 수로의 끝을 생각한다

돌아서면 벽이라니
집은 겨우 이런 구조로 되어 있잖아
구조적으로 우린,
말이 끝나기도 전에
맞바람이 문을 꽝 닫고 간다

집이 흔들린다
타기 직전까지 가버린 말이
허공에 고소한 냄새를 피운다
입 안에서 조려진 말이
밑반찬처럼 굴러다닌다

한 사람이 일어서고 한 사람이 남는다

애플리케이션

연육교를 건너서 섬에 들어갔다

다리의 안내를 따르기만 한다면
끊어진 곳은

단숨에,

그런 것은 생활을 많이 돕는다고 했다
이어진 게 많다고 했다
다리는 숨을 불어넣기 좋지만

—구별이 있는 곳은 어딥니까

생활이 없는 곳을 찾아
해안 매표소에서
배를 기다리던 사람의 말이 떠올랐다

밤이 되면 없는 곳을 찾아다니던 사람처럼

다리를 붙들고
입가에 허옇게 물집이 생긴
파도가 심하게 쳤다

뭍에서 섬으로 섬에서 뭍으로
몰려다니는 사람들이 부록 같아서
—생활은 잘 적용되고 있습니까
—편의를 믿습니까
섬의 약관을 들춰보던 이가 물었다

전송과 속도를 믿는 사람들이
다리에 매달려
시퍼런 물 위를 건너가고 있었다

뫼르소 잔상

아무도 없는 등 뒤에서
빛의 고함이 쏟아졌다

빛 속에 한 사람이 서 있었다

사람을 따라 빛이 왔다면
할 말이 있었겠지

돌아보면 컴컴한 동공을 가진 사람이
실어증을 앓고 있는 빛의 목소리를 흉내 내고 있었다

햇빛을 잔뜩 뒤집어쓰고
넋이 나간 사람
얼이 빠진 사람
빛의 취조에 시달리는 사람이

감은 눈을 떴을 때
아득한 빛의 절벽에서 뛰어내리는

눈먼 사람이 있었다

사람이 사람을 오래 바라보고 있었다면
반은 밝고 반은 어두운
반신반의 같은 것이었겠지
빛을 따라 사라지는 말도 알아들었겠지

빛과 그림자가 고여서 사람이 된
사람의 머리 위에
뜨겁게 달아오른 해가
총구를 겨누고 있었다

참외 하우스

너무 가볍잖아
노랑을 의심하는 버릇이

참외를 질투한다

참, 거짓, 참, 거짓 명제를 의심한다
노랑은 빨강을 낳을 수 없으니까
노랑은 노랑밖에 몰라
이 맹추야, 씨만 잔뜩이잖아
얼굴을 박고 있는 종자들에게 소리친다

지겹지도 않니
노랑을 속물로 취급한다
노랑이 묻은 코끝으로
노랑에게 낭비와 결핍을* 설명한다

노랑을 벗겨낸다
칼을 들고 속을 도려낸다

참, 거짓, 참, 거짓 그딴 거 말고
그냥 개똥참외!
잠꼬대 같은 말이 듣고 싶어서
쓴맛이 꼭지 쪽으로 몰린다

참외는 한 번도 참외가 아닌 적이 없는데

귀납하는 참외와
연역하는 참외들

노랑과 노랑 사이
새빨갛게 익은 얼굴들이 의혹처럼 매달려 있는
그러니까 한번 놀러오세요
마이 하우스에
마트는 멀어요

---

*칸딘스키, 「노란색은 전형적인 지상의 색이다」 중에서.

시대감

사람의 집을 지키는 시대는 지나갔다

자신에게 몰두한 개는 타인을 만들 줄 안다
개가 개를 지키려는 침묵
개가 개를 회복하는 노력

사람의 시대는 지나갔다
사람에게서 개에게로

저녁이면 시대의 빛이고 빛이라는 사람들이
집 밖으로 개를 몰고 나온다

시대의 목줄을 찬
사람들이 개를 졸졸 따라다닌다
꼼짝 않는 개 달리는 개 맴도는 개
웅크리고 앉아 개를 지키는 사람은
시대를 아는 사람이다

달을 보고 짖던 억울함이
개의 입가가 번질거린다
사람에게 물리고
개에게 물렸다고 펄쩍 뛰는 사람이
계속 짖을 수 있을 것처럼 언성을 높인다

지나치게 물어뜯은 결괍니다
반성이 혀를 빼물고 지나간다

지나간 것은 지나간 대로
사람에게 해야 할 말을 개에게 한다
사람을 몰고 나온 개가
짖지 않고 꼬리를 흔든다

사람의 집에 사람이 없다
사람이 회복할 차례다

명랑성

정오가 하얗다 아무도 없다
눈을 부릅뜬 정오는 무서운 정오다

나무가 산발을 하고 꿈쩍하지 않는다 새들이 날카롭게 운다

수거함 속에 정장과 구두와 핸드백을 버린다

곧 다정한 날이 시작될 거예요
조금밖에 죽지 않은 오후*를 펼친다

지나가는 트롯을 더 적극적으로 듣는다

말라가는 잡초를 돌아보며
소매 끝에 돋은 보풀을 뜯어낸다

은유와 환유를 버리고
무언극으로
사라지는 구름을 본다

회복기다, 오후다, 참 좋은.

---

*세사르 바예호, 민음사.

원룸촌

하나의 방에 하나의 생활이 살고 있다는 소문을 들었다

한날한시에 태어나서 서로 꼭 닮은
방은 사람을 낳고 사람은 사랑해도 방을 낳을 순 없어서

방을 구합니다,

방 하나에 창 하나를
찾는 사람들 틈에서

목례도 없이 사라지는 이들의
뒷모습을 오래 바라보고 있으면

여기서는 서로 조심해야 합니다
방을 소개하는 사람이
사생활을 강조해서 말했다

방은 아비 같고 어미 같고

누가 낳기도 전에
핏덩이부터 불쑥 들어설 것 같은데

실례합니다
벨을 누르면

문을 열어주는 사람의 등 뒤에
먼지가 솜털로 일어서는
앳된 방이 웅크리고 있었다
무례를 떠올리게 하는 방문이었다

주민과 장미

여기에 주차를 하면 안 됩니다
담장 밑의 잡초를 뽑아 던지며 주민이 화를 냈다

주민은 그럴 수 있고

한 바퀴 두 바퀴 돌다가
이곳이면 좋겠어요
나는 여기서 멈추면 좋겠어요
뜨내기 같은 말을 하고 얼굴을 돌리면
브레이크 페달 위에 얹힌 발가락들이 간질거렸다

이곳은 처음인가요
처음엔 나도 그랬어요 한 바퀴 돌고 두 바퀴 돌고 가시를 품고

불을 올려놓은 것처럼
벌겋게 달아오른 담장 위의 장미들이
골목을 따라 나오며 줄줄이 말했다

그동안, 얼마나, 우리가, 많이……
주민이 다 된 말투를 흉내 내고 있었다

허공에 가시를 뱉어내던 사람의 얼굴에
피가 잔뜩 몰려 있었다
집집마다 문패를 들여다보면 알 것 같은
이름이 박혀 있었는데
그게 다 꽃 이름이라고 잡초같이
질긴 음성으로 따라오며 말했다

정오라는 에피소드

네 얼굴 뒤로 네가 사라져갈 확률

유일한 정오를 가진 것처럼
너는 표정을 바꾸고 있다

정오에는 전진과 후퇴가 없어서
잠깐, 아주 잠깐만 다녀올게
말하는 쪽으로
정오의 위치가 조금씩 바뀐다

담뱃불을 붙이며 별이나 쬐자던 말을
옥상이 서둘러 비벼 끈다
비둘기가 정오의 묵비권을 날려 보낸다

연인의 자세를 기억하는
시계탑의 바늘이 오른쪽 어깨 위로 기운다
해 그림자가 정오를 연행하는 사이

너의 표정이 제자리로 돌아온다
정오의 절취선이 또렷해진다

이달의 시인

가슴속에 흘러든 빛이 새어나가지 않도록
조심스럽게
카메라를 바라보고 있었다

검정은 어떤 감정도 보호해줄 수 있다는 듯
검정이 아닌 감정으로까지 나아가 본 적이 있다

보자기나 상자라면
마술을 보여줄 텐데

간신히 흔들리던 혀의 붉음과
어떤 불미를 일으킬 것 같던 흰빛의 소란들
그것이 단 한 번의 감정이었다는 듯
검정은 감정을 수집하고 다녔다

'검정은 영원히, 그러니까 말입니다 영원히
검정에 갇혀서 죽을 수도 있습니다만
대체 어디까지 갔다가 되돌아온 거요?'

검정으로 성장한 그에게
감정적으로 묻는다

캄캄한 빛의 밀실을 좇아
그가 어딘지 모를 곳을 바라볼 때
책을 펼치던 손이
귀인들이 쏟아져 나올 거라는 풍문을 뒤적인다

이달엔 청기가 서려 있어서
꽃이 피는 달이랬지,
유리 문진의 투명한 말을
달력 속의 귀가 듣는다

과월호를 뒤지다가
만개한 검은 얼룩들을 보았다

영국식 정원

정원이 없는 사람들이
빙 둘러앉아서 정원에 대한 이야기를 나누었다

처음 나무에 앉아본 콩새들은
한번 들어간 정원을 빠져나올 수 없어서

다음날도 그 다음날도
정원이 자라 장원이 될 때까지 날아가지 않고 앉아 있었다

잔디, 너머 잔디
구름, 너머 구름
사람, 너머 사람
사람을 가꾸게 되는 이야기 끝에

방금 막 너머에 사유지를 가지게 된 것처럼
한 사람이 벌떡 일어났다

여기가 바로 정원이야

여기가 바로 너머야
덧창을 여는 목소리로 말했다

사람과 함께 빙 둘러앉아 있으면
인동꽃 향기가 날 것 같고
뻗어 나온 덩굴을 따라가면
가꾸는 일이 자연스러워서 하하하
ha-ha* 그 너머까지
도착할 수 있을 것 같았다

---

*영국 정원 조경 기법.

마음의 생활

방방곡곡 면면촌촌 내리다가
비가 그친 하늘

그것은 오른쪽에서 왼쪽으로 고개를 돌리듯
아주아주 단순한, 마음
그것은 갑자기 그러하다는, 홀

물기가 사라진 자리에 서서
내린 비는 이미 내린 비라는 결론
뒤늦은 생각이 뒤늦은 일이 되었다는 구름의 후문

그런 일을 생활이라 합시다
씩씩하게 밀고 나가는 바람의 말을 듣다가

문득 상형문자로 써보는, 雨
마음과 마음을 찍어서 양쪽으로 나누니, 빗방울
비가 영락없이 우산을 쓰고 있는, 형상
그것은 우에게 우를 다 말할 수 없는, 우의 사정

그것은 언제나 그러하다는, 연

내리다가 그치면 그만인
비는 내일 모레 글피 또 내릴 비라서
자기 안색을 자기가 살피며 가는
우일 화창

글쎄, 개다가 흐리다가 그런 것을
홀연이라 합시다 마음의
고(苦)라고 합시다

리허설

내가 한 장소에 관해 말하는 것은,
그것이 사라졌기 때문이다.
—레몽 크노

곧 가
너는 오고 있는 중이라고 하고
지금, 어디야
나는 태곳적부터
묻고 있는 사람
지금은 사거리를 지나고 있고
푸른 신호를 기다리고 있고
너는 어디든
지금과 함께 있으니까
곧 도착할 거라고
지금이 머물 처소에 대해서 말한다
지금이라면 충분한데
부재중입니다
지나가고 있는 중입니다
돌이킬 수 있는 과오로

지금이 돌아온다면
처음 뵙겠습니다만
잘 부탁합니다
그런 인사를 나누려고
지금껏 기다려 왔습니다
재연만이 유일한 장소인 것처럼 말했다

사랑의 연대

광물성

그것으로 영원할 수 있다는 듯
그러므로 내부는 지속될 수 있다는 듯

돌은 돌이 아닌 것이 될 생각이 전혀 없어 보였다

돌을 주워서
돌 위에 또 돌을 올려놓는 사람을 보면

따라했다
자원으로 충분하다는 듯이

제3부

퀼트

그레이스*는 무죄를 선고 받고 생활을 이어갔다 감옥에서 돌아와 뒤뜰에서 이불을 털고 빵을 굽고 달걀을 거두었다 가끔 삼나무 숲과 하늘을 바라보았다 작은 천 조각을 이어 커다란 테이블보와 이불을 만들었다 생활이 죄를 덮어가는 기쁨에 뺨이 발그레 물들기도 했다 한 땀 한 땀 기워서 바늘 끝에 죄의 목록을 숨겨두었다 많은 사람들이 그레이스의 조각보를 동경해서 무엇이든 덮을 수 있는 것을 다투어 만들기 시작했다 이어붙인 조각이 늘어갈수록 바느질의 기쁨을 찬양했다 그레이스는 그레이스와 그레이스들의 지울 수 없는 흉터가 비법이 되어 이어져 있었다

*마거릿 애트우드 소설.

사과의 습관

네가 사과하고 싶다고 했을 때
반복되는 습관

세계는 사라져도
한 알의 사과는 남을 거야

네가 내민 사과를 반으로 가른다
속이 하얗게 지워진 사과의 안쪽을 들여다본다
해야 할 말이 사라진 자리

가을은 진심에 대해서 생각하기 좋은 계절이죠

라디오에서 들려오는 오프닝 멘트
너는 사과의 바깥에 서 있다
나는 멍이 든 사과의 환부를 들여다본다

도려내도 계속 생길 거야
까만 사과 씨가 속삭인다

잔뜩 붉어진 얼굴을 나누어 먹던 기억이
사과 속의 여름을 들락거린다

태양이 물어뜯은 자리
움푹 패인 말이 남는다

그것이 마지막 한 꼭지 진심이라고
멸망하지 않는 나무에게
한 알의 사과를 클로징 멘트로 남긴다

습작할 때 들은 허밍

잘 써보려고 세계에 구멍을 낸다
구멍마다 가득 차오르는

공기: 내 질투의 대상

떠오르는 것을 떠오르는 대로 받아 적으려고
공기의 얼굴을 사칭하는

표정: 가장 어려운 숙제

구멍이 난 가슴을 들여다본다
여기 언제 이렇게 많은 돌들이 가라앉아 있었어
날아가자마자 추락하는

질문: 누구나 던질 수 있는 부메랑

스치는 감정으로 부르고 싶은 노래를 끝까지 부른다
방울방울 막무가내 떠오르다 사라지는

허밍: 모든 구멍들이 내는 비음

됐어, 됐다구 후렴으로 소리친다
부르기도 전에 목부터 쉬어버리던

시: 날개 없는 돌멩이

누가 버린 돌을 주워 와서 감상했다
며칠을 앓다가 심각한 천사가 되어 앉아 있었다

용역자들

끝이 따뜻해야 전체가 따뜻하지
그러니까 조금만 쉽게

따뜻한 곳에 발을 묻어두고
좋은 생각이 들 때까지 가만히 누워 있었다

누워 있으면 곤한 풀이 된 것 같고
발가락을 잔뜩 오므리고 잠이 들면

흙 속의 잠,

아직도 이런 잠을 자는구나
뿌리들이 하는 말이 들렸다

나쁜 생각이 좋은 생각보다 먼저 자라면 풀밭
꽃을 찾는 게 어려우면 확실히 풀밭
너무 빨리 번지면 총체적으로 풀밭

잠귀가 밝은 바람이 와서 속삭였다

조금만 더 쉬었다 갈게
그런 말이 채 끝나지도 않았는데
훅 뭉그러질 것 같은 체취가 났다

통성명조차 나눌 수 없는 걸
나누어 가지려고 부서진 잠 속으로
하얀 나비가 뼛가루로 날아다니고 있었다

티타임의 조크

여름의 여름이 있었다면
겨울의 겨울도 있었겠지

추측과 억측으로

여름이 지나가고
겨울이 지나간다

지나가고 나서야 분명해지는 온도를
그해 여름이나 그해 겨울이라고
콕 집어서 말할 때

순환하는 어리석음

뜨거운 것과 차가운 것을 반복해서 주문한다
어떤 이름처럼 어떤 계절은 우연히 오지 않아

그해 여름이 없었다면

그해 겨울도 없었겠지

봄봄봄 까불고 노래하다가
엎질러버린 것도 아닌데
언제 여기까지 얼룩덜룩해졌지

말해봐, 말해봐

다그치는 사람 앞에서
이제는 정말 아무것도 아니라고
식어버린 커피를 홀짝거리고 있으면

누군가 조크처럼
블랙이라고 말했다

우중에 목단이

누가 피아노를 친다
초보일까

자동차에 시동을 거는 사람이 있고 창문을 열고 손을 흔드는 사람이 있다

비가 오다 말다 초보 흉내를 낸다

무너지지 않으려고 책장 속에 책들이 척추를 바짝 세우고 있다

우기에 만나서 우기에 헤어지다니
독백이 초보 티를 낸다
마음에게 빚진 마음이 창문을 연다

물방울들이 보란 듯이 건반을 두들기며 지나간다
옥타브가 낮은 우산들이 음표로 흔들린다

화단에 목단이 핀다
우중에 벙글벙글

초보라면 표가 났을 텐데
작년에도 싱글싱글 피었던가
싱겁기는 몇 년짼데
여적 그러고 있었니
등짝을 세게 치는 사람이 있었다

손자국이 화끈 벙근다
츳츳츳 혀 차는 소리가
붉은 꽃잎으로 쌓인다

엄마, 정말 오랜만에 불러보는

자동차가 출발한다
피아노 뚜껑 닫는 소리에 입술을 깨문다

기억의 윤곽

'그때 환호작약이라는 꽃다발을 공중 높이 던져 올리던 손이 누구의 것이었더라……'

기억은 늘 한쪽 빰이 모자란다

기억은 맥락도 없이 사랑스런 이론
기억은 흩어지는 얼룩무늬의 윤곽
공중에서 내려오지 않고 있는 꽃다발은 기린의 모가지를 닮았던가

말끝이 흐린 날
기억의 집에 사는 기린이 목을 빼고 타로 점을 본다
어떻게 해도 미완성
어떻게 해도 먼 곳
기억에 물을 준다

기억 기린 기다림 기울기를 가진 긴 모가지들
초식동물의 발걸음에는 두근거림이 묻어 있다

기억으로는 기억을 다 불러올 수 없는 사람이
꽃향기가 묻은 발굽으로 뛰어간다

누군가의 기억 속에
한쪽 뺨이 피어나길
다 자란 기린이 더 자라길 기다린다

회전구간

빗속에 노란 택시가 나타났다면
명랑한 총알이 도착한 거다

한번 정한 방향으로만 직진하는 비들

어디든 갈 수 있다고
우울이 핸들을 홱 꺾어버린다
빵빵 경적을 울리며 옐로우를 외친다

빗속에 노란 총알들이 줄지어 지나가는 장면을 본다
젖을수록 투명해지는 미농지처럼
빗속에서 손을 흔드는 사람이 있다
내가 좋아하는 그림이 완성된다

레몬 망고 바나나 노란 셔츠 입은
어쨌든 목적지까지만 동승

그림자를 따돌린 비와

비를 따돌린 택시가 클클클 달린다

어디까지 갑니까?

백미러 속으로 토트 무늬 원피스가 뛰어간다
4분의 4박자로 물방울이 튄다
애상의 머리칼을 쓸어 넘기던
비의 손마디가 굵어진다
우울의 목덜미가 길어진다

다시 회전구간이 시작된다
〈갓길 없음〉 표지판이 젖는다

무한

흘러가는 구름을 보며
우연을 가지기로 했다
아무것도 아닌 것을 가지기로 했다

무한한 구름
무한한 흐름
그렇게 되뇌면
누구의 구름도 아닌 흐름이 된 것처럼
무한한 마음이 되었다

내가 아는 구름과 내가 모르는 구름이
지나가고 있는 언덕으로

몰려오는 불행
지나가는 기쁨
흩어지는 슬픔
바람의 말로 속삭이면
누구의 날씨도 아닌 객관적인 기분

그걸 유지하려고
구름의 성장판을 조사하고 다녔다

한 무리 양을 몰고 떠났다가
구름을 몰고 돌아온 사람처럼
무한한 반복
무한한 동경
영원한 회원*이 되어서

여러 가지 양상의 흐름을 지켜보았다

운행(雲行)이 매번 바뀌었다

---

*구름감상협회 영국에 본부를 두고 있음.

개그

#1

혜영이는 웃었다. 혜영이는 웃으면 안 되는 혜영인데 어쩌다 웃게 되었지. 혜영이에게 개그를 가르친 적이 없는데 혜영이는 혁명을 아는 것 같았다. 알면 됐지. 혜영이는 웃으려고 태어난 슬픈 사람 같구나. 미간을 찡그리며 혜영이가 웃는다. 혜영이가 혜영이의 목을 조르다가, 웃으면 복이 와요. 혜영이가 혜영이를 웃긴다. 혜영이가 웃어서 다행이지. 그럼. 근데 그게 웃을 일이니. 사람들이 웃는 혜영이를 두고 수군거린다. 혜영이에게 달려들어 다그친다. 네가 혜영이니? 정말로 슬픈 혜영이 맞니. 우는 것보다 낫니.

#2

혜영이가 웃다가 넘어진다. 넘어진 혜영이가 발가벗겨진다. 사람들이 손뼉을 치며 웃기 시작한다.

#3

밤이 되면 사라진 혜영이에게 편지를 쓴다. 혜영아, 살았니, 죽었니. 혜영아. 아직도 웃기는 게 많니. 혜영에게. 그렇게 써놓고 잠이 들면 그게 누구니? 묻는 사람 옆에서 우는 꿈을 꾼다. 혜영이처럼 울다가 웃었는데 우는 장면이 지나가지 않는다. 혜영이에게 배운 개그를 한다.

양파의 건축학

문은 열려 있을 거야
언제든지 방문해도 괜찮아

누구 없니, 아무도 없는 거야

투명한 벽 속에서 소음이 자란다
문을 열자마자 사라지는 방을 보며
이런 집은 처음이야
손을 뻗어 둥근 알전구를 켠다
초록색 필라멘트가 손잡이로 자란다

고백하기 좋은 방 앞에서
없는 문을 쾅쾅 두드려본다
열린 문과 닫힌 문 사이에서
간질거리는 발을 들고 방황한다

이해할 수 없는 건축물을
형이상학적인 설계라고 생각한다

열려 있어, 언제든 놀러와 언제든

목소리만 메아리가 되어 마중 나오는 방이라고
매운 눈물을 흘린다

집을 찾아가는 길에 농담처럼
허풍처럼 하얀 방이 사라진다

청혼

빛은 어디든 닿고
어둠은 어디든 내려

빛과 어둠의 중간쯤에 서서
목조계단의 말을 듣는다

너무 눈부셔서 이해할 수 없거나
너무 어두워서 난해한 말들

어둠을 밟고 빛이 돌아오는 장면
빛을 밟고 어둠이 돌아가는 장면

삐거덕, 그런 걸 어디서 봤더라?
빛과 어둠이 오버랩 되던 기억

어둡고 반짝이는 목조계단 앞에서
한 다발의 꽃을 받았을 때
무작정 따라나서던

환상의 빛

빛과 어둠의 프러포즈가 지나가던
낡은 영사기 속의 마이 웨이
한여름 밤의 꿈

장미의 증상

한꺼번에 혈압이 올랐던 거야
붉은 실핏줄이 터지기 시작한 거지

저 붉은 면상들 말이야

꽃핀다는 게 미친 짓이라고
배배 꼬여서 빨갛게 꼭지가 돌아버린 거야

창문이 수근대며 고개를 내민다

모자와 선글라스를 쓴 장미가 골목을 돌아 나온다 외설을 뒤집어쓴 골목이 버스를 탄다 빨갛게 칠한 입술들이 대롱대롱 매달려 벼랑 끝 종점을 향해 달려간다 휙, 급행으로 지나가는 바람에 모자가 날아간다 구름이 묘한 표정으로 입술을 비튼다

누가 여기에다 장미를 옮겨 심어놓았니
손톱 밑의 가시를 후벼 판다

붉어진 얼굴로 버럭 장미를 부른다

장미야, 이제 그만해

겹겹의 장미들이 쌓이고 쌓이면 울?

花를 火로 듣는다

데인 자리가 발갛게 도진다

비의 관점

관점을 가진다. 젖는다와 본다와 내린다는 비슷비슷한 빗줄기를 가지고 있다. 한번 내린 비는 되돌릴 수 없어서 언제나 동시에 주룩주룩. 이번 생은 비가 너무 많이 오네. 그런 말에 빗금을 치면 흩날린다. 비는 누가 보고 또 보다가 던진 너무 많은 질문. 비의 눈동자에 갇힌 사람이 전지적 비의 시점으로 젖는다. 이런 날들이 계속된다면 아마도 장마. 사나흘씩 혼절하고도 새파랗게 깨어나는 비는 처음으로 울음을 터트리며 태어난 누군가의 애처로운 딸. 구름의 운지법을 자꾸 만지작거리게 하는.

제4부

잔디가 모르는 것

손이 없다 주머니가 없다 구겨버려도 生生生, 성질이 없다 비명이 없다 쥐어뜯어도 生生生, 섭섭함이 없다 뒤가 없다 앞으로 앞으로 합창만 남아 生生生, 차렷 열중쉬어, 쉬어가 없다 피크닉이 없다 그늘도 없는 가난이, 바늘만 한 협소가 협소를 모른다 본(本)이 향(鄕)을 몰라서 손톱으로 긁어모은 씨를 손톱 밑에 뿌린다 네잎클로버가 없다 찾는 게 없다 찾지 않는 게 포인트라서 발달을 펼쳐놓고 전개를 지켜본다 항구와 바다와 연락선은 끝까지 모른다

아침 6시

여명을 얻어서
밝음에 가까워지려고 했다

드디어 한낮의 열락과 꽃들의 이름을 알게 되었을 때
눈부심이 덮쳤다

밝고 어두운 것
시작과 끝 같은 것
전과 말을
동시에 사랑하려고 했다

가능이라는 말은 밝지도 어둡지도 않아서
흔들어 깨우고 있는 사람처럼

아침마다
살아있니,
살아있어

죽은 말들이 깨어나는 소리를 듣기 위해
조금 더 어두워진 표정으로
정오의 이마에 입을 맞추었다

그것은 어떤 속삭임도 실루엣도 아니지만

뜻밖의 명암을
그림자로 가지게 되었다

세계의 과자점

비둘기는 날아가고
장미꽃은 지고 있었다

한 사람이 돌아오고 있는 중이었다

과자를 굽는 동안
설탕이 녹고 세계는 변하고
과자 대신 손에 남아 있는 세계를 들여다보며

기억해봐 무슨 맛인지
알록달록한 세계를 떠올려봐
너는 재촉하고
나는 손금을 따라
아아, 여기 과자점이 있었구나
언제부터 있었지
시간을 거꾸로 둘러메고

정육점을 지나 약국을 지나 세계를 지나

더 이상 녹고 싶지 않아
더 이상 사라지고 싶지 않아

보채는 사람이 되었을 때

이건 세계 대신이야
이건 오후 4시의 알약이야
검은 초콜릿을 내미는 사람의 등 뒤에서
아주 오래전에 떨어뜨린
막대사탕이 녹고 있었다

세계를 종합선물로 받은 적 있었다는데
빈손이었다

옥수수가 익어갑니다

내가 여름을 다 말해버리면
옥수수는 익지 않는다

촘촘한 치아가 아름답다고들 하지만
매미 울음이 어금니에 박혀 빠지지 않는다

뭉개어지고 으깨어지는 말들
입속이 붐비면
처진 어깨를 조금 흔들어 보이거나 으쓱거려 본다
치아와 치아 사이에 거웃으로
자라난 비밀들

귀를 기울이던 바람이
천천히 수염을 쓸어내린다

태양의 내란과 음모를 기억하던 여름이
벌어진 입을 조금씩 다문다

단전을 끌어올려 이빨 사이로
스,스,스 날숨을 뱉어본다
독 오른 뱀이 산으로 올라가고

당신이 잘 볶은 옥수수차를
말없이 내놓던 일
근자에, 이보다 더 좋은 일은 없었습니다
옥수수는 이미 무량무량 익었습니다

누구십니까
—시인이라고 하면 놀라서 빨리 걸었다

어디서 마음이 불어오는 것처럼
인가에서 한참 멀어진 길을 걸었다
걷다 보면 뭐라도 만나겠지
걷다 보면 걸어갈 수 있겠지 싶어서 걸었다

마음은 불어오고 불어가서
이쪽이 맞는 거니?
질문도 의심도 아닌 말을 던지면

그만해
그만큼 갔으면, 간 거지 뭐

죽은 사람의 무덤을 가리키며
거기서부터는 없는 길이라고
어깨를 툭 치고 가는 사람이 있었다

인가에는 지나가는 사람을 구경하는 사람이 있고
울타리가 있고 개가 있고 풀이 있고

웃자란 마음이 끝까지 따라왔지만
이미 지나가는 사람이 되어 있었다
알 수 없는 마음이
알 수 없는 방향에서 불어올 때마다

누구십니까?
인가 뒤쪽으로 사라지기 좋은 오솔길이
희미하게 웃고 있었다

헨젤과 그레텔

이곳은 사람들이 잘 다니지 않는 길이야

긴 겨울 속에서
우리는 숲으로 들어가는 단 하나의 길을 발견한다

몸속에 빛이 가득 차올라서
나무는 서로를 반영하는 나무를 낳았대

빽빽한 산림을 통과하는 햇빛을 보며
서로의 그늘을 털어놓는다

음지식물을 닮은 목소리가
집에서 더 멀어진 길 위에서
고사리 같은 손가락을 펴본다

목소리는 자라면서 먼 곳까지 다녀온대
메아리는 목소리의 거울 같잖아

우리는 어두운 터널을 통과하며
빛이 닿았던 손가락을
서로의 호주머니 속에 찔러넣어 주었다

닿을 듯이 뻗어 있는 가지 사이로
숲 밖으로 나가는 단 하나의 길이 보였다
따라가면 사람의 집이 나올 것 같았다

우기의 세탁

마르지 않는 빨래를 만져본다

소매 깃과 포켓 속에 들어 있던
구름들이 울먹거린다
왜 모여서 다들 그러고 있니
장마를 구박한다
한번 터진 울음이 그치지 않는다

불어터진 해를 건지러 강으로 간 사람이
탈모가 시작된 머리를 긁는다

장마에 더 높이 튀어 오른다는 물고기처럼
물기를 털어내던 손이 턱을 괴고
아가미를 뻐끔거린다

언젠가 만난 사교적인 사람들이 떠올라
습기라는 말을 황급히 누른다
마르다가 무늬가 되어버린 얼룩이

파편으로 튄다
어떤 별보다 더 빨리 돌기 위해서
탈수기 속에 팔다리를 집어넣고 돌린다

오늘의 춤은 오늘의 회오리
드럼통이 내는 빗소리에 흠씬 두들겨 맞는다
멍든 곳에서 물비린내가 난다

시네마토그래피

바다는 바다를 연출하고 있었다
나는 나를 연출하면 그만일 것 같은데

어디서 시작하고 어디서 끝을 내야 할지 몰라서
찾아간 바다는
줄곧 기다리고 있었다는 듯 출렁거렸다

"시작과 끝이 똑같이 평평하다면
반복하는 사람을 이해할 수 있겠습니까"

시급과 절실을 퍼렇게 안고 가는 파도가 물었다

일어서다가, 주저앉다가
그런 파고를 가지게 된다면

"물결을 먼저 배우게 될 거요"
파이프에 뭉게구름을 문 바다가
거만하게 입을 열었다

시작도 하기도 전에 끝나버린 일 때문에
수평선을 배경으로 서 있었는데

—괜찮습니까
—괜찮습니다

확인도 안 하고
파도가 철썩 슬레이트를 치고 지나갔다
누가 봐도 잔잔하게 연출된 장면같이 보였다
흐름이 자연스러워 보였다

월차

바다에 가면 좋을 거야
넘치는 말을 들었다

그토록 넓은 그토록 깊은
그토록 끼룩끼룩

그러거나 말거나
그곳에선 아무것도 하지 않을 거야

바다에 가서 내가 들은 것은
검은 돌의 검은 말과 흰 돌의 흰 말이
넘치도록 뱉어놓은 거품
두 개의 조약돌이 넘치도록
부딪히다가 섞이는 소리

바다에 가면 둥글어질 거야
살과 뼈가 울렁거리며 하는 말을 들었다

바다에 가서 온종일
분골과 쇄신으로 가득 찬 파도의 일과와
해변의 어리석은 굴곡을 지켜보았다

돌아오기 바쁘게 돌아서는
그곳의 일이 넘치게 벅찼으므로
너에게 해줄 깊고 넓은 말이
말이 없었다

에필로그

창문을 화면으로 사용할 때

실시간으로 내리는
눈의 생방송을 지켜본다

최종회처럼 펑펑 쏟아지는 대사
누가 울고 있었나
볼륨을 높이면
물기를 잔뜩 머금은 목소리가 들린다

싸우듯이 사랑하듯이
오늘은 시청률이 높은 날
팔을 벌린 사람이
이게 축복이냐고 고래고래 고함을 친다

날씨는 채널의 다른 이름이라고
화면 밖에서 눈뭉치가 날아온다

펄펄 눈의 무한 팔매질
머리가 하얗게 세어버린 사람이 출연자가 되어
용서하라, 용서하라
흰소리를 낸다

쌓이다 보면 녹는 것도 있겠지
에필로그처럼
부엌에서 찻물이 끓는다

이후의 날씨를 걱정하던 사람이
채널을 돌린다

원목

빛을 빨아들이는 블랙홀 나무가 팽창하고 있다 나뭇잎이 분열하고 있다 나뭇잎이 나뭇잎을 뒤덮고 새들이 먼지처럼 날아오르고 있다 나무의 속으로 들어간 사람이 폭발한 꽃을 들고 나오고 있다 원목의 비현실적 아름다움을

창세기로 읽고 있다

해설

전지적 사물 시점

—변희수 시집, 『시민의 기분』(시인동네, 2022)

고봉준(문학평론가)

'사물'은 변희수의 시세계로 들어가는 열쇠이다. 시인은 「의자가 있는 골목—이상(李箱)에게」(2016년 《경향신문》 신춘문예 당선작) 이후 지금까지 '사물'에 대한 독특한 접근법을 주축으로 고유한 세계를 구축해왔다. '사물'에 대한 관심이라는 측면에서 그녀의 시편들은 '사물의 시학'을 표방한 프랑시스 퐁주(Francis Ponge, 1899~1988)의 작품들과 흥미로운 연관성을 지닌다. 퐁주는 일상적인 사물을 소재로 삼아 독특한 사물의 시학을 추구한 것으로 유명하다. 그의 대표작 「비누(Le savon)」는 20여 년에 걸쳐 쓰인 것으로 알려졌는데, 퐁주는 '비누'를 응시하고, 관찰하고, 만지고, 내버려 두고, 손으로 비비는 일체의 과정을 반복하면서 그 시간을 보냈다고 한다. 퐁주에게 시는 대상(objet)과 주체(je)의 놀이(jeu), 즉 대상 놀이(objeu)이다. 그는 한 인터뷰에서 자신의 시작(詩作) 과정을 이렇게 설명했다. "〈물컵〉을 예로 들어볼까요? 1948년이었다고 생각됩니다. 6개월 동안 다른 일은 전혀 하지 않은 채 꼼짝 않고 물이 담긴 컵만 바라봤죠. 물컵을 앞에 두고 물리학자가 되어보기도 하고, 사전학자가 되어보기도 하고, 물맛을 음미해보기도 했어요. 컵에 물을 채웠다가 비우기도 하고, 다시 채웠다가 가만히 두기도 하고, 오래된 물에서 피어오르는 물방울을 바라보기도 했죠. 그렇게 저는 바라보기만 했어요. 제가 사물의 내부로 들어감으로써 사물이 스스로 표현하게 되기를 기다리면서요. 그러면 사물은 침묵을 깨고 말을 하기 시작하죠."(프랑시스 퐁주, 『테이블』, 허정아 옮김, 책세상, 2004, 147쪽) 이처럼 퐁주의 '사물의 시학'은 사물에 '대한' 시가 아니라 사물 스스로가 말하게 하는 글쓰기라고 말할 수 있다.

변희수의 시에 등장하는 '사물' 역시 지극히 일상적인 것들이다. 직물, 공원, 나무, 빨래, 원목(나무), 정원, 잔디, 비……, 그녀는 일상적이고 사소한 대상을 독특한 방식으로 변용함으로써 낯설고 이질적인 세계를 창조한다. 변희수에게 시는 일상적인 사물(대상)을 낯선 것으로 변주하는 행위이고, 그것을 통해 현실을 지배하고 있는 '사물'에 대한 상식적인 감각과 언어의 규칙을 뒤흔드는 언어적 사건을 창조하는 일이다. 다만, 퐁주의 '사물의 시학'이 사물이 말하게 하기 위해 시인이 침묵

하는 방식을 취한다면, 변희수의 '사물의 시학'은 사물을 일상적인 맥락에서 벗어나게 만듦으로써, 사물에 대한 우리의 일상적 감각을 해체-구성하는 방식을 취한다. 변희수의 화자들은 '사물' 앞에서 침묵보다는 적극적인 말 건넴을 선호한다. 이때 시인과 사물은 주체-객체의 이분법적 관계, 즉 시인이 자신의 생각이나 감정을 표현하기 위해 사물을 객관적 상관물로 사용하는 관계는 아니지만, 사물에 대한 시인의 개입이 배제된 관계도 아니다.

하지만 '사물'에 대한 변희수의 인식에서 우리가 발견해야 할 것은 '모더니즘'이라는 레테르(letter)가 아니다. 우리의 삶에서 시/예술이 갖는 위상이 상투화된 감각, 그러니까 우리의 정신을 무능력에서 해방하는 것이라면, 이때 시인과 사물은 주체-대상관계가 아니라 동맹관계라고 말해야 할 것이다. 아니, '사물'에 대한 인식의 변화라는 존재론적 사건을 경유하지 않으면 우리의 경화(硬化)된 감각이 쇄신되기 어렵다는 점에서 '동맹'이 아닌 '의존' 관계라고 말해야 할지도 모른다. 일찍이 철학자 M. 하이데거는 '사물=도구'가 유용성, 즉 쓸모의 사용사태를 벗어나는 순간에 대해 이야기한 적이 있다. 그에 따르면 '사물'은 '쓸모'라는 맥락에서 인간과 관계를 맺으며, 그때 우리는 '사물'을 유용한 도구로만 생각할 뿐 그것의 본질에 대해 사유하지 않는다. 하지만 그 '사물'이 '쓸모'라는 맥락을 벗어날 때 상황은 달라진다. 하이데거가 사례로 언급한 고흐의 〈구두〉가 대표적이다.

하이데거는 이 그림에서 실용적인 사물로서의 '구두'가 아니라 그것이 현실에서 겪게 되는 삶의 흔적, 즉 존재를 읽어낸다. 하이데거에 따르면 고흐의 그림은 '구두'라는 사물이 아니라 사물의 '존재'를 드러내고 있다. 하이데거는 사물이 아니라 사물의 '존재'를 드러내는 것, 우리가 사물의 기능과 표면적인 성질에 시선을 빼앗겨 생각하지 못하는 본질을 드러내는 것이 예술의 역할이라고 주장했다. 그런 점에서 하이데거가 이야기하는 '알레테이아(Aletheia)'는 숨겨진 비밀이 아니라 숨겨져 있지 않음에도 불구하고 우리가 좀처럼 발견하지 못하는 것, 왜곡되거나 은폐된 상태로 존재하던 것을 드러나게 하는 것이다. 이러한 논리에 따르면 '사물'의 본질은 현존재인 인간이 존재함으로써만 드러날 수 있지만, 우리는 이 본질의 드러남이라는 존재론적 사건을 통해 비로소 유용성의 세계 바깥으로 나아가므로 사물이 해방의 길잡이라고 말할 수도 있을 듯하다. 이번 시집에 등장하는 몇몇 사물들에 대해 살펴보자.

마르지 않는 빨래를 만져본다

소매 깃과 포켓 속에 들어 있던
구름들이 울먹거린다

왜 모여서 다들 그러고 있니
장마를 구박한다
한번 터진 울음이 그치지 않는다

불어터진 해를 건지러 강으로 간 사람이
탈모가 시작된 머리를 긁는다

장마에 더 높이 튀어 오른다는 물고기처럼
물기를 털어내던 손이 턱을 괴고
아가미를 뻐끔거린다

언젠가 만난 사교적인 사람들이 떠올라
습기라는 말을 황급히 누른다
마르다가 무늬가 되어버린 얼룩이

파편으로 튄다
어떤 별보다 더 빨리 돌기 위해서
탈수기 속에 팔다리를 집어넣고 돌린다

오늘의 춤은 오늘의 회오리
드럼통이 내는 빗소리에 흠씬 두들겨 맞는다
멍든 곳에서 물비린내가 난다

—「우기의 세탁」 전문

이 시의 제재는 "마르지 않는 빨래"이다. 시인은 우기(雨期), 즉 장마철에 "마르지 않는 빨래"를 마주하고 있다. 마르지 않은 빨래의 "소매 깃과 포켓"에는 여전히 물기가 남아 있다. 시인은 이 상황을 "구름들이 울먹거린다"라고 에둘러 표현하고 있다. 이 상태에서 우리의 선택지는 제한적이다. 빨래가 다 마를 때까지 그대로 두거나 인위적인 방법을 사용하여 빨래를 말리는 것이 해결책의 전부이기 때문이다. "탈수기 속에 팔다리를 집어넣고 돌린다"나 "드럼통이 내는 빗소리에 흠씬 두들겨 맞는다" 같은 진술이 등장하는 것으로 보아 시인은 빨래를 말리기 위해 기계를 사용하기로 결심한 듯하다. 사정이 이러하다면 5연에 등장하는 "습기라는 말을 황급히 누른다"라는 진술은 요령부득의 표현이라기보다는 '습기' 제거와 관련된 기계의 버튼을 누르는 것으로 읽을 수 있겠다. 그렇다면 4연의 상황은 어떻게 이해해야 할까? 여기에서 '손'은 빨래를 만지던 인물, 즉 시인을 가리킨다. "물기를 털어내던 손"으로 존재하던 그가 어느새 '물고기'처럼 "아가미를 뻐끔거"린다는 진술은 어떻게 이해할 수 있을까? 시인의 말처럼 어떤 물고기들은 장마철이 되면 요란한 몸짓을 하면서 물 위로 튀어 오른다. 시인은 그 물고기의 형상에서 "물기를 털어내던 손"의 이미지를 끄집어낸다. 이들 두 이미지 사이의 연관성은 문자적 층위에서는 설명될 수 없다. 그 연관의 규칙이야말로 시인의 고유한 영역이기 때문이다. 다만 그러한 연관성이 다음 순간 '손=물고기'라는 등식으로 이어져 "아가미를 뻐끔거린다"라는 진술을 가능하게 만든 것은 분명한 듯하다.

하지만 이 시에서 시인이 표현하려는 바는 장마철에 "마르지 않는 빨래"에서 물기를 발견한 경험이 아니라 '물'을 매개로 한 몽상이다. 이 시에 등장하는 울음, 강, 물기, 습기, 파편으로 튀는 물, 빗소리, 물비린내 등이 모두 '구름'의 일족으로서 '물' 이미지에 해당한다는 사실에 주목하자. 이것은 가스통 바슐라르가 질료에 관한 상상력이라고 명명한 것, 즉 '물'이라는 질료가 다양하게 변화하면서 몽상을 불러일으킨다고 주장한 것과 일치한다. 요컨대 시인은 질료에 관한 상상력, 즉 '물'의 꿈을 뒤쫓으며 그것이 펼쳐 보이는 몽상의 역동성을 경험하고 있다고 말할 수 있다. 시인은 이러한 '물'의 상상력에 관한 작품들을 시집의 4부에 집중적으로 배치해 놓았다. 가령 「시네마토그래피」에 등장하는 "파이프에 뭉게구름을 문 바다", 「월차」에 등장하는 거품과 소리와 파도로 표현되는 바다 역시 '물'이라는 질료의 상상력, 혹은 그것이 펼쳐 보이는 몽상의 산물이라고 말할 수 있다.

창문을 화면으로 사용할 때

실시간으로 내리는
눈의 생방송을 지켜본다

최종회처럼 펑펑 쏟아지는 대사
누가 울고 있었나
볼륨을 높이면
물기를 잔뜩 머금은 목소리가 들린다

싸우듯이 사랑하듯이
오늘은 시청률이 높은 날
팔을 벌린 사람이
이게 축복이냐고 고래고래 고함을 친다

날씨는 채널의 다른 이름이라고
화면 밖에서 눈뭉치가 날아온다

펄펄 눈의 무한 팔매질
머리가 하얗게 세어버린 사람이 출연자가 되어
용서하라, 용서하라
흰소리를 낸다

쌓이다 보면 녹는 것도 있겠지

에필로그처럼
부엌에서 찻물이 끓는다

이후의 날씨를 걱정하던 사람이
채널을 돌린다

—「에필로그」 전문

이 시의 제재는 '창문'이다. 시인은 첫 행에 "창문을 화면으로 사용할 때"라는 진술을 배치함으로써 자신이 '창문'을 텔레비전의 액정(화면)처럼 사용한다는 사실을 공지하고 있다. 창문을 텔레비전 화면처럼 사용한다는 것, 그것은 '창문'이 세상을 바라보는 시선(視線)의 형식이라는 의미이다. 시인은 '창문'을 통해 무엇을 보고 있는가? 먼저, 시인은 "실시간으로 내리는/눈의 생방송을 지켜본다"라고 진술한다. 그런데 다음 순간 그 화면에서는 "물기를 잔뜩 머금은 목소리"가 들리고 '대사'가 쏟아진다. 이때의 '대사'가 누군가의 목소리임을 짐작하기는 어렵지 않다. 시인은 쏟아지는 눈송이와 익명의 목소리를 결합시켜 '대사'가 "최종회처럼 펑펑 쏟아지"고 있다고 쓴다. '대사'가 쏟아진다고 표현하는 것, 게다가 그 장면에 "누가 울고 있었나"라는 진술처럼 '울음'을 삽입한 것은 결국 "실시간으로 내리는/눈"의 영향 때문이다. 「비의 관점」에서 시인은 "관점을 가진다"는 것의 한 사례로 "젖는다와 본다와 내린다는 비슷한 빗줄기를 가지고 있다"라고 쓴 적이 있다. 이것은 세상을 '비의 관점'에서 '젖는다'와 '본다'와 '내린다'라는 서술어 사이에 일정한 연관성이 성립된다는 의미이다. 변희수에게 '사물'을 사유한다는 것은 '사물'의 관점으로 꿈을 꾼다는 것이다. 이와 마찬가지로 「에필로그」에서 시인은 '눈의 관점'으로 세상을 경험함으로써 '내리다–쏟아지다–울다' 사이에 새로운 규칙을 제정한다. 이것이 전부가 아니다. "화면 밖에서 눈뭉치가 날아"오고, 길을 가는 사람은 하염없이 내리는 눈에 의해 "머리가 하얗게 세어버린 사람"으로 변신한다. 그런데 화면 속의 세상과 달리 시인이 위치한 공간에서는 찻물이 끓고 있다. 창문을 경계로 바깥에는 눈이 내리고, 안에서는 물이 끓고 있는 것이다. 안과 밖이라는 위상학적 차이로 인해 이것은 대칭적인 세상처럼 이해되기도 하지만, 변희수의 시에서는 지상을 향해 떨어지는 '눈'과 천상을 향해 솟구치고 있는 '수증기'가 '물'이라는 질료의 상이한 양태라는 사실이 더 중요할 듯하다.

> 감자에게 말을 걸었다. 무뚝뚝한 감자는 말을 받아주지 않고 대신 주먹을 보여주었다. 감자에게 다가가 주먹이나 키우고 말이야, 아래쪽에 대고 주먹밖에 없다고 쓴소릴 뱉었는데 누가 썩은 말이라고 재빨리 도려내고 땅속에 묻었다. 싹이 나고 잎이 나고 아무렇지 않은 척 우리는 가위,

바위, 보를 했다. 그런데 제발 주먹만 안 내밀면 좋겠어요.
그 말이 끝나기가 무섭게 가위처럼 울어대던 새가 울음을
뚝 그쳤다.

감자꽃을 따주어야 하는데,

저녁에는 누가 와도 올 것 같아서 급한 김에 주먹을 꺼
내 삶았다. 찾아온 사람에게 뜸이 덜 든 주먹을 보여주며
겸손한 척 손을 모았다. 그거면 됐다고, 입장을 잘 알 것
같은 사람이 고개를 끄덕여주었다. 주먹을 보자기처럼 활
짝 펴서 차양을 잘 만들어 쓰고 다니던 사람이었는데 감자
를 찌는 동안이면 이야기가 되겠다 싶었다.

—「감자를 찌는 동안이면 되겠다 싶었어요」 전문

변희수의 시에서 사물을 매개로 한 상상이 항상 질료의 몽상으로 진행되는 것은 아니다. 그것은 시작(詩作) 자체에 대한 사유, 비유를 통한 세계의 변주, 그리고 언어적 자의식과 평행하게 전개된다. 「감자를 찌는 동안이면 되겠다 싶었어요」는 이런 특징을 선명하게 보여준다. 이 시의 핵심적인 제재는 '감자'이다. 다만 이 시에서 '감자'라는 시어는 감자(potato)라는 일상적인 대상과 일대일 관계를 형성하지 않는다. "감자에게 말을 걸었다"라는 도입부의 진술은 시인에게

있어 시 쓰기가 '사물'에게 말을 거는 행위라는 사실을 재확인시켜 준다. 하지만 시인의 말 걸기에 대해 '감자'는 응답 대신 '주먹'을 내보인다. 여기에 등장하는 '주먹'이 모욕적인 의미를 함축한 제스처인 '주먹 감자'에서 온 것이며, 그것이 '감자'라는 단어가 연상시킨 단어라는 사실을 추측하기는 어렵지 않다. 그리고 다음 순간 '감자'에서 출발한 언어적 연상은 '주먹 감자'를 거쳐 "가위, 바위, 보" 게임에서의 '주먹'으로 이어진다. 이러한 시상(詩想)의 전개는 독자를 당혹스럽게 만들 수밖에 없다. 무엇보다도 이러한 전개를 통해 시인이 말하려는 바를 단숨에 포착하기가 어렵기 때문이다. 하지만 변희수의 시는 궁극적으로 말하려는 바, 즉 메시지를 갖고 있지 않다. '사물'의 꿈/몽상을 통해 질료적 상상력의 사례를 실증했듯이, 이 시에서도 시인은 '언어'와 '자유연상'의 결합을 충실하게 받아 적고 있을 따름이다. 그녀의 시가 난해하게 느껴지는 이유는 우리가 사물의 몽상과 언어가 이끄는 연상의 흐름을 논리적인 방식으로 재구성하려는 시도를 멈추지 않기 때문이다. 즉 시(詩)를 메시지의 차원으로 이해하는 한 시인과 독자의 간극은 좀처럼 좁혀지지 않는 것이다.

한편 시인은 2~3연에서 '감자'를 일상적인 맥락으로 되돌려놓고 있다. 1연과 3연, 즉 두 개의 산문적 진술 사이에 위치한 2연에 "감자꽃"이 등장한다는 사실이 이를 말해준다. 하지만 언어적 층위에서 몽상의 궤적을 지나오면서 '감자'와 '주먹'

의 경계가 흐려졌고, 이것은 '감자'가 놓일 자리에 '주먹'을 놓는 치환의 발화방식을 통해 확인된다. 가령 3연에 등장하는 "급한 김에 주먹을 꺼내 삶았다.", "뜸이 덜 든 주먹을 보여주며 겸손한 척 손을 모았다."라는 진술을 보자. 시인은 의도적으로 '감자'가 들어가야 할 자리에 '주먹'을 위치시켜 놓았다. 이러한 발화방식은 대개 시적 진술의 가독성을 떨어뜨림으로써, 독자의 손쉬운 이해와 그로 인한 진술의 소비를 의도적으로 지연시킴으로써 '사물'에 대한 관심을 환기하는 전략이다. 요컨대 시인은 '감자'라는 상투적인 방식을 교란함으로써 사물에 대한 새로운 감각을 제시하며, 이 시에서 그것은 언어적 연상이라는 규칙에 따라 진행되고 있는 것이다.

네가 사과하고 싶다고 했을 때
반복되는 습관

세계는 사라져도
한 알의 사과는 남을 거야

네가 내민 사과를 반으로 가른다
속이 하얗게 지워진 사과의 안쪽을 들여다본다
해야 할 말이 사라진 자리

가을은 진심에 대해서 생각하기 좋은 계절이죠

라디오에서 들려오는 오프닝 멘트
너는 사과의 바깥에 서 있다
나는 멍이 든 사과의 환부를 들여다본다

도려내도 계속 생길 거야
까만 사과 씨가 속삭인다

잔뜩 붉어진 얼굴을 나누어 먹던 기억이
사과 속의 여름을 들락거린다

태양이 물어뜯은 자리
움푹 패인 말이 남는다

그것이 마지막 한 꼭지 진심이라고
멸망하지 않는 나무에게
한 알의 사과를 클로징 멘트로 남긴다

—「사과의 습관」 전문

이 시에서도 사물에 대한 몽상은 '언어'를 중심으로 진행된다. 이 시의 제재는 '사과'이다. 하지만 「감자를 찌는 동안이면 되겠다 싶었어요」에서 '감자'가 감자(potato)로 환원되지 않았듯이, 이 시에서의 '사과'도 '사과(apple)'라고 단정할 수 없다. 이 시의 출발점이 '사과(apple)'였을 것임은 쉽게 추측할 수 있다. 하지만 중요한 것은 시인이 '사과'라는 기호가 '사과(apple)'로 단일하게 해석되는 것을 가로막기 위해, 혹은 지연시키기 위해 발화방식에 일정한 전략을 사용하고 있다는 사실을 이해하는 일이다. 따라서 우리가 이것을 '사과'에 대한 시(詩)라고 말한다면, 이때의 '사과'는 불확정적인 기호로서의 '사과'일 뿐이라는 것이 전제되어야 할 듯하다. 1연에서의 '사과'는 사과(apology), 즉 사과(謝過)의 동음이의어인 반면, 2연에서의 사과는 사과(apple)라는 사실에 동의할 수 있다. 1연의 '사과'는 '사과하다'라는 맥락으로 쓰인 반면, 2연의 '사과'는 철학자 스피노자 말했다고 잘못 알려진 어록에 등장하는 그 사과이다. 그런데 3연에서 '사과'의 용법은 조금 낯설다. "네가 내민 사과를 반으로 가른다"라는 진술에서 '사과'는 '내밀다'라는 동사가 함께 쓰이고 있으니 사과(apple)라고 이해할 수 있지만, "사과의 안쪽"이 "해야 할 말이 사라진 자리"라고 이야기할 때의 '사과'에는 모호한 측면이 존재한다. 그것은 이때 '사과'라는 기호가 '말'이라는 맥락을 거느리고 있기 때문에 발생하는 문제이다. 이러한 '사과'의 이중적 기능은 5연에서 동일하게 반복된다. "사과의 바깥"과 "멍이 든 사과의 환부"가 그것들이다. 전자의 '사과'는 앞서 제시된 "오프닝 멘트"라는 구절과 연결됨으로써 사과(apology)에 가까운 느낌을 주는 반면, 후자의 '사과'는 '멍'과 '환부'라는 기호와 연결됨으로써 사과(apple)를 가리키는 것으로 이해된다.

하지만 이러한 구분은 점차 희미해지는 경향을 보이는데, 가령 특정한 기억이 "사과 속의 여름을 들락거린다"라고 말할 때 '사과'는 두 가지 가능성으로, 아니 어쩌면 두 가지 해석 모두를 부정하는 방식으로 기능한다고 말할 수 있을 듯하다. 흥미로운 것은 동일한 소리를 지닌 상이한 기호임에도 불구하고 시의 후반부로 갈수록 점차 그 차이를 구별하는 일이 불가능하다는 것, 그리하여 마지막에 이르러서는 "나무에게/한 알의 사과를 클로징 멘트로 남긴다"라는 진술처럼 '사과'라는 기호에 두 가지 의미가 동시에 깃들게 된다는 사실이다. 「감자를 찌는 동안이면 되겠다 싶었어요」에서 '감자'와 '주먹'이 점차 간극을 좁히다가 마지막에 이르러 치환되듯이, 이 시에서도 사과(apology)와 사과(apple)는 의미의 맥락이 조금씩 중첩되다가 마침내 구별 불가능한 지점에 도달한다. 그것이 바로 "태양이 물어뜯은 자리/움푹 패인 말이 남는다"라는 진술이다. 상식적으로 생각하면 "물어뜯은 자리"와 "움푹 패인"은 사과(apple)와 이어져야 할 것 같지만, 시인은 그 자리에 '말'이라는 낯선 기호를 배치함으로써 그것에 사과(apology)라는 또 다른 맥락을 추가한다. 사정이 이러하다면 "한 알의 사과를 클로징 멘트로 남긴다"라는 진술은 '사과'라는 두 개의 기호가 하나의 문장으로 수렴되는 지점에 대한 예시라고 말할 수 있다.

처음부터 끝까지
접시들은 같은 포지션을 취했다

발레리나의 두 다리가
허공에 그려놓은 파이처럼
활짝 웃고 있는데 웃음소리가 들리지 않는
백치의 얼굴처럼

바탕이 있다면 곧 더러워질 색이겠지
우리는 접시를 닦는다
우리는 얼굴을 회복하려고 애쓴다

접시가 많은 집에서
아무것도 담겨 있지 않은 접시가
가장 아끼는 접시라는 말을 들었을 때

광활하고 외로운 접시가 되어
우리는 창백한 얼굴로
포크와 나이프를 쥐고 있었다

접시들은 언제나 파경을 생각하고 있잖아
쨍그랑 그렇게 준비해놓은 말들이 있어서
얼굴을 찡그리고 있으면

그렇게 말할 수도 있잖아
그런 말들은 잡음은 아니잖아
접시를 들고 자리를 옮겨 앉던 사람이
또 다른 파이를 가진 것처럼 말했다

접시가 사라진 자리에
새로운 접시들이 나타날 때마다
달그락거리는 날들이 이어졌다

—「π를 가진 것처럼 말했다」 전문

이 시의 중심 사물은 '접시'이다. 여기에서 시인은 '접시'라는 사물을 도구성의 세계 바깥으로 끄집어내고 있는데, 이번에는 언어-기호가 아니라 시각적 이미지를 중심으로 시적 사유가 전개된다. 1연에서 시인은 "처음부터 끝까지/접시들은 같은 포지션을 취했다"라고 진술하고 있는데, 이것은 '접시'의 물질성이 시종일관 조금도 훼손되지 않은 상태라는 것을 의미한다. 먼저, 시인은 2연에서 '접시'가 놓여 있는 모습에서 파이(π)라는 형상을 읽어낸다. 시인에 따르면 그것은 "발레리나의 두 다리가/허공에 그려놓은 파이"를 연상시킨다. 추측건대 이 '접시'는 백색일 듯하다. 시인이 그 '접시'에서 "활짝 웃고 있는데 웃음소리가 들리지 않는/백치의 얼굴"을 떠올리고 있기 때문이다. '접시'와 '얼굴'의 이 이웃 관계로 인해 3연에는 "접시를 닦는다"라는 진술이 등장한다. 이때 '접시=얼굴'이라는 독특한 등식으로 인해 시인은 "우리는 얼굴을 회복하려고 애쓴다"라는 진술을 할 수 있다. 그러니까 접시를 닦는 행위와 얼굴을 닦는 행위가 등치관계를 형성하는 것이다. 다음으로 시인은 '접시'라는 말에서 "광활하고 외로운 접시"가 되어 "창백한 얼굴"을 하고 앉아 있는 어떤 인물을 떠올린다. 이것은 '접시'라는 단어가 불러일으킨 이미지이지만, 또한 '접시라는 말'에 대한 시인의 비자발적인 반응이기도 하다. '접시'라는 말은 시인에게 '외로운 접시'와 '창백한 얼굴'을 동시에 연상시킨다. 또한 그것은 '파경'과 '쨍그랑'으로 대표되는 깨지기 쉬운 속성을 떠오르게 한다. 전자가 연상 법칙에 따른 이웃 관계라면, 후자는 사물에 내재하는 속성이라고 말할 수 있다.

누군가는 이러한 '접시'를 가리켜 도구성과 무관한 관념의 소산이라고 주장할지도 모른다. 하지만 변희수의 시에서 '사물'은 전적으로 도구적인 것은 아니지만 그렇다고 도구성에서 완전히 자유로운 것도 아니다. 우리는 변희수의 시에 등장하는 사물들이 지극히 일상적인 것들이며, 시인이 의도적으로 일상적인 사물을 시적 대상으로 선택하고 있음을 밝혔다. 이 시에 등장하는 '접시'의 경우도 예외가 아니다. 시인은 이것을 증언하기 위해, 궁극적으로는 "처음부터 끝까지/접시들은 같은 포지션을 취했다"라는 자신의 진술을 정당화하기 위해 작품의 후반부에 일상적인 배치 속에 놓인 '접시'를 의도적으로 등장시키고 있다. "접시를 들고 자리를 옮겨 앉던 사람"이나 "접시가 사라진 자리에/새로운 접시들이 나타날 때" 같은 진술이 바로 그것이다. 여기에서의 '접시'는 우리가 주방이나 레스토랑 등에서 쉽게 접하는 바로 그것이다. 하지만 이 지점에 이르면 우리는 시인의 문제의식이 '접시'라는 사물 자체, 혹은 그것이 일상적 배치 내에서 쓰이는 용도 등에 있지 않다는 사실을 분명하게 알 수 있다. 오히려 이 시는 '접시'라는 사물, '접시'라는 기호에서 연상되는 다양한 이미지를 시각적 층위를 중심으로 추적하는 데 집중한 작품이라고 말할 수 있다. 바슐라르의 용법을 따르자면 그것은 '사물의 몽상'이라는 불러야 마땅할 듯하다.

변희수의 시가 보여주는 사물에 대한 인식은 사물(대상)을 오직 인간의 삶을 위한 도구로만 이해하는 사물에 대한 실용주의적 관점과 선명하게 대립하며, 시(詩)가 사물(대상)과의 관계를 벗어나 성립될 수 없음을 보여준다고 말할 수 있다. 다만 변희수의 시에서 시인이 '사물'과 관계 맺는 방식은 철저히 사유의 경로를 따르고 있는데, 그녀의 시에 '모더니즘'이라는 평가가 뒤따르는 이유는 이러한 지성적 태도에서 기인한다.

시인동네 시인선 192

시민의 기분

초판 1쇄 발행	2022년 12월 14일
초판 2쇄 발행	2023년 6월 9일
지은이	변희수
펴낸이	김석봉
디자인	헤이존
펴낸곳	문학의전당
출판등록	제448–251002012000043호
주소	충북 단양군 적성면 도곡파랑로 178
전화	043–421–1977
전자우편	sbpoem@naver.com

ISBN 979–11–5896–575–4 03810

*이 시집은 2022년 한국문화예술위원회 아르코문학창작기금(발간지원) 사업에 선정되어 제작되었습니다.

*이 시집은 〈2023년 문학나눔 도서보급사업〉에 선정되었습니다.